Zur Genesung G

Zur Genesung Gottes Segen

Worte der Zuversicht

benno

Inhaltsverzeichnis

Auf dem Weg zu Stille und Besinnung

Der Herr schenkt Kraft und Mut

Hoffnung und Zuversicht verleihen Rückenwind

Auf dem Weg zu Stille und Besinnung

Es ist unglaublich,
wie viel Kraft die Seele
dem Körper zu verleihen vermag.

Wilhelm von Humboldt

Krankheit als Chance

Kann es für etwas gut sein, eine Zeit der Krankheit zu durchleben? Ich möchte versuchen, Ihnen mit den Worten von André Gide, französischer Schriftsteller und Nobelpreisträger, darauf zu antworten: „Ich glaube, dass Krankheiten Schlüssel sind, die uns gewisse Tore öffnen können. Ich glaube, es gibt gewisse Tore, die einzig die Krankheit öffnen kann. Es gibt jedenfalls einen Gesundheitszustand, der es uns nicht erlaubt, alles zu verstehen. Vielleicht verschließt uns die Krankheit einige Wahrheiten. Ebenso aber verschließt uns die Gesundheit andere, oder führt uns davon weg, sodass wir uns nicht mehr darum kümmern. Ich habe unter denen, die sich einer unerschütterlichen Gesundheit erfreuen, noch keinen getroffen, der nicht nach irgendeiner Seite hin ein bisschen beschränkt gewesen wäre – wie solche, die nie gereist sind."

Ich lade Sie ein, einige dieser „gewissen Tore" einen Spalt breit zu öffnen und einen flüchtigen Blick hineinzuwerfen. Im ersten Raum entdecken wir eigene Fähigkeiten, die uns bisher verborgen geblieben sind. Sie könnten Geduld, Gelassenheit oder Selbstdisziplin heißen. Es könnte die Fähigkeit sein, den Humor nicht zu verlieren oder die Gabe, trotz der eigenen Not, andere zu trösten. Eine Frau erzählte, dass sie früher schüchtern war, sich

dann in der Krankheit mutig und stark erlebt hat. Heute hat sie ein neues Selbstwertgefühl, das es ihr möglich macht, offen auf Menschen zuzugehen. Welche Fähigkeiten entdecken Sie?
Hinter einem anderen Tor fällt der Blick auf die Menschen, die uns nahestehen. Wir können erkennen, auf wen Verlass ist. Wer ehrliches Interesse an uns hat, hilfsbereit ist und auch in schwierigen Zeiten für uns da ist. Wer sind Ihre echten Freunde?
Gehen wir zum nächsten Tor. Krankheit verändert unser Leben. Wir müssen lernen, mit den Veränderungen umzugehen, an anderen, neuen Einstellungen und Werthaltungen zu arbeiten. Wie flexibel sind Sie im Denken hinsichtlich Ihrer Lebensplanung? Was ist Ihnen wirklich wichtig?
Aus einem anderen Türspalt weht uns ein kalter Wind entgegen. Wir müssen die Erfahrung machen, von der Hilfe anderer abhängig zu sein. Wir fühlen uns ausgeliefert.
Öffnen wir das Tor zum Glauben. Hier haben wir die Chance, die Tragfähigkeit unseres eigenen Glaubens zu prüfen. Kann er uns Halt geben? Was braucht es in schweren Zeiten? Lässt Sie die Krankheit tiefer und reifer im Glauben werden? Gibt es Geheimnisse des Glaubens, die Sie nun anders oder besser verstehen?
So viele Fragen – die Antworten kennen nur Sie, die Kranken. Denn ich glaube auch, dass Krankheiten Schlüssel sind, die uns gewisse Tore öffnen können. Und vielleicht liegt darin auch eine Chance.

Hannelore Dauzenroth

Grenzen der Worte

Es gibt ja Zeiten in unserem Leben, in denen es wichtiger ist, geduldig zu sein als tüchtig, besser, Schmerzen gewachsen zu sein als zu arbeiten, nötiger, sich in andere zu fügen als zu befehlen, die Einsamkeit einer Nacht auszuhalten als am Tage mitzureden.
Und eben diese Zeiten, die uns so fremd geworden sind, sind es, in denen sich zeigt, wer wir in Wahrheit sind.
Ich weiß, dass es eine Grenze auch für alle frommen Worte gibt. Ich weiß, dass Menschen so über das Maß ihrer Kraft und ihres Glaubens geschunden und getreten werden können, dass ein Wort sie nicht mehr erreicht, und ein Wort, das von Glauben und Hoffen spricht, schon gar nicht.
Ich weiß aber auch, nein, ich glaube es – wenn überhaupt am christlichen Glauben ein Wort wahr ist –, dass kein Weg eines Elenden und Verlassenen in der Krankheit oder in der Verlassenheit enden muss. Womit man das belegt? Es gibt keinen Beleg außer der Liebe, die uns von Christus entgegenkommt, und der Liebe Gottes, von der er spricht. Wem sollten wir es abnehmen, wenn nicht ihm? Denn es gibt, auch ohne allen christlichen Glauben, eine Bedingung, unter der die ewige, angstvolle Frage nach dem Sinn unter den Menschen zur Ruhe kommt:

dass ein Mensch sich geliebt weiß und dass seine Liebe gebraucht wird. Damit ist noch nichts bewiesen, aber es ist ein Hinweis darauf, wie es um uns Menschen und um den Sinn unseres Lebens bestellt ist.

Jörg Zink

Möglichkeiten des Lebens

Man muss nie verzweifeln, wenn einem etwas verloren geht, ein Mensch oder eine Freude oder ein Glück; es kommt alles noch herrlicher wieder. Was abfallen muss, fällt ab; was zu uns gehört, bleibt bei uns, denn es geht alles nach Gesetzen vor sich, die größer als unsere Einsicht sind und mit denen wir nur scheinbar im Widerspruch stehen.

Man muss in sich selber leben und an das ganze Leben denken, an alle seine Millionen Möglichkeiten, Weiten und Zukünfte, denen gegenüber es nichts Vergangenes und Verlorenes gibt.

Rainer Maria Rilke

Durchkreuzte Pläne

Der englische Maler Thornbill hatte den Auftrag erhalten, das Innere der Kuppel in der St. Pauls Kathedrale in London auszumalen. Nach vielen Monaten harter Arbeit hatte er einen Abschnitt dieses ehrenvollen Auftrags beendet. Nun ging er auf dem Gerüst rückwärts, um zu sehen, wie die Bilder aus der Entfernung wirkten. Seine Augen fest auf die Malerei gerichtet, ging er soweit zurück, dass er bis zum Rand des Gerüstes gekommen war, ohne es zu bemerken. Noch einen halben Schritt weiter und er wäre abgestürzt.
Ein Malergehilfe merkte die schreckliche Gefahr, ergriff einen Pinsel und zog über das wunderbare Gemälde einen breiten Strich. Der Maler, außer sich vor Zorn, sprang vorwärts, um den Gehilfen vom Bild zurück zu reißen. Sein Zorn wandelte sich aber in Dankbarkeit als der Gehilfe sagte: „Herr, dadurch, dass ich die Malerei verdarb, habe ich dir das Leben gerettet. Hätte ich nur gerufen, so hätten sie sich vermutlich umgedreht und wären abgestürzt."
So macht manchmal Gott durch unsere eigenen schönen Lebensbilder und Vorstellungen einen Strich, um uns vor dem Sturz in den Abgrund zu bewahren. Denn wie bei Jesaja steht: „Meine Gedanken sind nicht eure Gedanken und eure Wege sind nicht meine Wege, spricht der Herr."

Wir Menschen lieben es, unser Leben durchzuplanen oft bis auf die letzte Minute unserer Freizeit. Und wenn dann etwas anders kommt, als von uns erwartet, tun wir uns oft schwer, es anzunehmen.
Vielleicht erging es Ihnen ähnlich. Die Krankheit wegen der Sie hier im Krankenhaus liegen war nicht vorhersehbar oder ein Unfall ist der Grund Ihres Aufenthalts hier. Das war sicherlich nicht eingeplant bei Ihnen. Es schmeißt Sie aus Ihrem Rhythmus. Es verändert Ihr Leben vorübergehend völlig. In unserem großen Gebet, das wir so oft beten, heißt es im Vater Unser: „Dein Wille geschehe, wie im Himmel, so auf Erden.“ Nehmen wir unser Leben aus Gottes Hand an, so wie es kommt.
Ich wünsche Ihnen, dass Sie im Gebet dieses Vertrauen zu Gott finden und daraus Kraft schöpfen.

Margarethe Aigner

Einem Kranken

Über deine Schwelle
gestatte den Gruß
leichter, spielender Ritornelle.

Brennende Nessel –
wie lange noch kettet dich
der Krankheit Fessel?

Dunkle Verbenen –
die Nacht ist lang.
Oh, wie die Stunden sich dehnen!

Apfelblüte –
so blüh auch dir
ein Trost im Gemüte.

Nickende Veilchen –
der Frühling naht
über ein Weilchen.

Blaue Zyanen –
siehe, Genesung kommt
und schwingt die Fahnen.

Theodor Fontane

Gott, du kennst mein Leben

Die Zeiten meines Lebens
sind dir vertraut mit allem,
was sie mir geschenkt
oder auch genommen haben.

Die Jahre meines Lebens
kennst letztlich du allein mit allem,
woran ich mich gefreut
oder auch gelitten habe.

Die Tage meines Lebens
sind dir alle gegenwärtig, mit allem,
worüber ich gestaunt habe
oder entsetzt war.

Die Schätze meines Lebens sind
geborgen bei dir, mit allem, wofür ich
gelobt oder auch beneidet worden bin.
Die Schatten meines Lebens sind bei
dir in Licht gehüllt, mit allem, was mich geängstigt
oder auch gestärkt hat.

Die Bruchstücke meines Lebens fügst
du zu einem großen Ganzen, mit allem,
was sie in mir berührt
oder hinterlassen haben.

Das Geheimnis meines Lebens ruht
in deinem Herzen, mit allem,
was mein Herz bewegt, bedrängt
oder höher schlagen lässt.

Paul Weismantel

Der Herr schenkt Kraft und Mut

Gott nimmt nicht die Lasten,
sondern stärkt die Schultern.

Franz Grillparzer

Der Himmel

Es gibt Tage, da sitzen wir fest vor lauter Sorgen und Problemen. Schmerzen rauben die Lebensfreude. Und trotzdem regt sich Widerstand. Unser Lebenswille fängt an zu kämpfen. Entscheidend in diesem Kampf ist die Blickrichtung: nach oben. Unser kleines Leben ist getragen von einem unfassbar großen Himmel.

Phil Bosmans

Der Garten des Lebens

Ich sehe eine Patientin, wie sie sich mit Fachkenntnis und Sorgfalt den hellroten Rosensträuchern zuwendet, die den Eingangsbereich der Therapiegebäude verschönern. Als ich mich für sie und ihre Tätigkeit interessiere, meint sie: „Von Zeit zu Zeit muss man das Verwelkte und Verdorrte abzupfen, damit etwas Neues wachsen kann ..." Ein wahres Wort, das nicht nur für Sträucher, sondern auch fürs Leben passt. Es gibt für alles eine Zeit, eine Zeit der Blüte. Wenn diese vorbei ist, darf man getrost das „Alte" wertschätzend „ent-sorgen" – im wahrsten Sinne des Wortes: Loslassen und damit von Sorgen befreien ... und Platz schaffen für Neues im Leben.
Die Patientin ließ die abgezupften Blüten, die vielen kleinen rosa Blätter, noch als Schmuck auf dem Gehweg liegen. So konnte man erahnen, wie reich bestückt der Strauch einmal war. Beides konnte man in den Blick nehmen, die frischen Knospen mit ihren Blüten und die, deren Zeit schon vorbei war. So schien es fast, dass sich das Neue im Alten am Boden spiegelte und das Neue über das Alte hinauswuchs – ein farbenprächtiges Bild.
Mir gehen die Worte, die sie sagte, lange nach. Ich mache mir meine eigenen Gedanken dazu und überlege, in welchen Bereichen hier Handlungsbedarf ist: Altes loslassen, damit Neues wachsen kann ...

Ingrid Weißl

Mein Helfer

Ich habe keinen anderen Helfer als dich,
keinen anderen Erlöser,
keinen anderen Halt.

Zu dir bete ich. Nur du kannst mir helfen.

Die Not ist zu groß, in der ich jetzt stehe.
Die Verzweiflung packt mich an,
und ich weiß nicht mehr ein noch aus.
Ich bin ganz unten,
und ich komme allein nicht mehr hoch.

Wenn es dein Wille ist,
dann befreie mich aus dieser Not.
Lass mich wissen, dass du stärker bist
als alle Not und alle meine Feinde.

O Herr, wenn ich durchkomme, dann lass
doch diese Erfahrung zu meinem
und zum Heil meiner Brüder beitragen.

Du verlässt mich nicht! Ich weiß das.

Aus Afrika

Trost

Tröste dich, die Stunden eilen,
und was all' dich drücken mag,
auch die schlimmste kann nicht weilen,
und es kommt ein andrer Tag.

In dem ew'gen Kommen, Schwinden,
wie der Schmerz liegt auch das Glück,
und auch heitre Bilder finden
ihren Weg zu dir zurück.

Harre, hoffe! Nicht vergebens
zählest du der Stunden Schlag:
Wechsel ist das Los des Lebens,
und es kommt ein andrer Tag.

Theodor Fontane

Das Hemd des Glücklichen

Ein König lag sterbenskrank in seinem Bett.
Keiner der Ärzte und Weisen wusste noch, wie ihm zu helfen sei.
Nur eine alte Frau meinte, es sei möglich, den König zu heilen.
Dazu müsse man das Hemd eines glücklichen Menschen bringen.
Darin könnte der König gesunden.

Die Boten des Königs durchsuchten das ganze Land nach einem glücklichen Menschen, aber vergebens.
Nicht einer war zufrieden.
Gesunde waren arm, Reiche kränkelten oder fühlten sich bedroht,
Manchen mangelte es an Liebe.
Verzagt kehrten die Boten um.

Auf ihrem Heimweg kamen sie abends an einer windschiefen Hütte vorbei
und hörten dort jemanden vor sich hinsingen:
„Ich bin glücklich, glücklich, glücklich,
mein Radieschen war vorzüglich,
herrlich wärmte mich die Sonne,
bin lebendig, lebenslang, hej.

Und es zuckt mir in den Füßen,
werde tanzen mit der Süßen,
und mit ihr fantastisch schlafen,
Gott im Himmel, vielen Dank!"

Die Boten des Königs klopften freudig an die Tür,
dass sie gleich aus den Angeln fiel
und baten den glücklichen Menschen,
er möge dem König helfen und ihm sein Hemd schenken.
Da sagte der Glückliche:
„Oh, das tut mir aber leid, ich hab gar keins."

Gerhard Schöne

Gebet

Schenke meinem Kranksein Zeit
und auch denen, die zu mir kommen.
Schenke meinem Kranksein Heilmittel;
Mittel zum Heil, zum ganzen Heil.
Schenke meinem Kranksein die Einsicht;
eine Sicht, die das Fehlende sieht.
Schenke meinem Kranksein die Abwesenheit,
ich bin nicht so wichtig, ich bin ersetzbar.
Schenke meinem Kranksein liebe Besuche;
besonders jene, die mir nichts vormachen.
Schenke meinem Kranksein mutige Worte
und manchmal mutmachende Menschen.
Schenke meinem schmerzlichen Kranksein
wieder ein auferstandenes Gesundsein.

Robert Pothmann

Kranke Menschen brauchen Engel

Bei kranken Menschen
braucht es Engel,
die man nicht bemerkt,
wenn sie helfen,
aber vermisst,
wenn sie fehlen.

Chiara Lubich

Unter der Oberfläche

Es war einmal ein Apfelbaum, der schief und krumm gewachsen neben anderen Obstbäumen an einem Weg stand. Seine Äpfel waren nicht die größten und schönsten. An einem Herbsttag kamen Spaziergänger den Weg entlang und betrachteten die Bäume, einen nach dem anderen. Als sie zu dem krummen Apfelbaum kamen, meinten sie, es wäre schöner, wenn anstelle des schiefen Baumes ein gerade gewachsener stünde. Seine Äpfel könnten auch nicht die besten sein, weil sie klein und fleckig sind. Und wer weiß, ob sein Stamm nicht schon morsch ist. Man sollte ihn umhauen und an seiner Stelle einen jungen Baum pflanzen.
Als der Baum dies hörte, wird er nachdenklich, weil die Menschen ihn äußerlich, oberflächlich beurteilen und nicht mehr sehen. Ja, ich bin schief gewachsen, sagt er sich, aber deshalb doch noch lange nicht morsch und zum Umschneiden. Für Kinder bin ich wegen des schief gewachsenen Stammes und der krummen Ästen wie geschaffen zum Klettern. Sie kommen gerne zu mir und haben ihre Freude dran, an mir herum zu kraxeln, erlebt er. Und was meine Früchte angeht, gewiss, sind diese nicht die größten und schönsten, aber sie schmecken süß, weiß er. Menschen, die seine Äpfel gegessen haben, stecken sich welche davon in ihre Taschen, weil sie ihnen

so gut schmecken. Ja, mancher Baum ist schief und trägt dennoch süße Früchte.

An diese kurze Geschichte denke ich öfter, wenn mir Menschen von ihrem Leben erzählen, welches sie krumm und schief gewachsen sehen und für wertlos halten. Wenn es passt, erzähle ich ihnen diese Geschichte und wir schauen sie uns an mit Blick auf ihr Leben.

Manches Leben ist äußerlich gesehen und oberflächlich betrachtet krumm und schief gewachsen. Aber vielleicht gab oder gibt es jemanden, der sich trotzdem oder gerade deshalb bei mir wohl gefühlt hat oder wohl fühlt. Manche unserer „Früchte“, die wir anzubieten haben, sind unauffällig und unspektakulär, aber sie „schmecken“ und tun anderen gut. Vielleicht sind dies ein freundlicher Blick, ein Lächeln, ein gutes Wort, eine hilfreiche Hand, dem anderen zuhören ... oder auch ein Gebet, in das ich jemand einschließe.

Ich wünsche Ihnen, liebe Leserinnen und Leser, dass Ihnen Menschen einfallen, die sich bei Ihnen wohl gefühlt haben beziehungsweise wohl fühlen und denen Sie Ihre kleinen „Früchte“ schenken können.

Sebastian Friedlsperger

Gebet in Zeiten der Krankheit

Ich möchte für dich und an deiner Stelle ein Gebet sprechen. Vielleicht kannst du die Worte innerlich mitsprechen. Vielleicht bleiben sie dir auch fremd. Dann versuche, sie einfach an dich heranzulassen. Aber vertraue deinem eigenen Gefühl, wenn manche Worte für dich nicht stimmen. Dann kannst du sie eben jetzt in deiner Situation nicht beten. Das darf auch sein. Du sollst dich nicht zum Gebet zwingen.

Barmherziger und guter Gott, du allein weißt, wie es wirklich um mich steht. Du kennst mein Klagen, meine Rebellion. Und du kennst meine Sehnsucht nach Heilung. Ich möchte wieder gesund werden. Ich möchte den Geschmack wirklichen Lebens wieder schmecken. Ich möchte mit meinen Angehörigen noch viele schöne Stunden erleben. Ich habe noch soviel vor. Schau auf mich und meine Sehnsucht. Heile mich. Richte mich wieder auf! Sende mir deine heiligen Engel, dass sie sich um mich stellen, dass sie mich behüten und vor allem Unheil schützen. Durchdringe meinen Leib mit deinem Heiligen Geist. Lass deinen heiligen und heilenden Geist in alle Poren meines Leibes strömen und alles Kranke aus mir vertreiben.

Erfülle mich mit deinem Leben. Nimm mir meine Angst, meine Unruhe, meine Beklommenheit. Erfülle mich mit deinem Vertrauen, dass ich mich in deiner guten Hand weiß, von dir getragen und geschützt. Schenke mir inneren Frieden, Versöhnung mit allem, was war. Stärke mich in meiner Krankheit, dass ich durch sie hindurch zu dir finde, dem Ziel meiner Sehnsucht.

Ein Segen für dich
Der Herr segne und behüte dich.
Der Herr lasse sein Angesicht über dir leuchten
und schenke dir seinen Frieden.
Er sei in dir als Licht, das alle Dunkelheit in dir erhellt.
Er sei in dir als die Kraft, die deine Schwäche verwandelt.
Er sei in dir als der Trost, der dich tröstet, der zu dir steht,
der dir Halt gibt in deiner Unsicherheit.
Er sei in dir als die Quelle der Liebe, die nie versiegt.
Er sei vor dir als der Schild,
der dich vor allem Unheil bewahrt.
Er sei hinter dir als der Vater, der dir den Rücken stärkt.
Er sei unter dir als die Hand, die dich trägt.
Er sei über dir als ein schützendes Dach,
das alles Bedrohliche von dir abhält.
Er sei in deiner Schwäche und in deiner Kraft,
in deiner Ohnmacht und in deiner Hoffnung.
Er sei mit dir, wohin dein Weg auch geht.
Er begleite dich auf deinen Wegen.
Er durchdringe dein Herz mit seiner zärtlichen Liebe.
Das gewähre dir der barmherzige und gute Gott,
der Vater, der Sohn und der Heilige Geist.
Amen.

Anselm Grün

Ein Psalm Davids

Der Herr ist mein Hirte, nichts wird mir fehlen.
Er lässt mich lagern auf grünen Auen
und führt mich zum Ruheplatz am Wasser.
Er stillt mein Verlangen; er leitet mich auf
rechten Pfaden, treu seinem Namen.
Muss ich auch wandern in finsterer Schlucht,
ich fürchte kein Unheil, denn du bist bei mir,
dein Stock und dein Stab geben mir Zuversicht.
Du deckst mir den Tisch vor den Augen meiner
Feinde. Du salbst mein Haupt mit Öl, du
füllst mir reichlich den Becher.
Lauter Güte und Huld werden mir folgen
mein Leben lang und im Haus des Herrn darf
ich wohnen für lange Zeit.

Psalm 23

Wozu sorge ich?

Gott ist mein Hirte,
mir wird nichts mangeln.
Er weidet mich auf einer grünen Aue
und führt mich zum frischen Wasser.

Er erquickt meine Seele,
mein Weg ist ohne Gefahr,
denn er selbst ist es,
der mich leitet.

Und wanderte ich im finstern Tal,
fürchte ich kein Unheil,
denn du bist bei mir.
Du gibst mir Frieden.

Du deckst meinen Tisch
in deinem Haus,
in das kein Feind mir folgt,
keine Schuld und kein Fluch.

Du machst meine Seele rein
und schmückst mich festlich.
Der Becher, den ich trinke,
fließt über von erfrischendem Trank.

Jörg Zink

Trost

Gott ist uns Zuflucht und Stärke,
ein bewährter Helfer in Zeiten der Not.
Darum fürchten wir uns nicht,
selbst wenn die Erde erbebt,
wenn die Berge wanken und in die Tiefen des Meeres versinken,
wenn die Wogen tosen
und schäumen
und die Berge erschüttert werden.

Psalm 46,1–4a

Aber tröstlich ist, dass er unser Hirte ist. Darin liegt alles, was nur Gutes und Tröstliches von Gott gesagt werden kann. Es besagt, ist der Herr mein Hirte und ich sein Schaf, so bin ich wohl versorgt an Leib und Seele. Er wird mich reichlich ernähren; mich schützen und bewahren vor Unglück; für mich sorgen, mir aus aller Not helfen, mich trösten, stärken; er wird das an mir tun, was ein frommer Hirte tun soll.

Martin Luther

Und wenn ich nicht wüsste

Wohin meinen Kopf zur Ruhe betten
In dieser törichten Zeit
Und kein Abend mein unruhiges Herz
Aufnähme in die wohltuenden Arme
Der Dämmerung
So wird mein Gemüt doch gerettet
Durch die Barmherzigkeit Gottes
Und meine Seele bleibt unverwundet
Durch seine Güte
Und meine Heiterkeit darf ich allzeit
Ausüben
Durch seinen Geist
Der so unendlich ist
Dass er kein Ende berührt

Heilsame Zeit der Krankheit

Vor einiger Zeit wurde ich überraschend krank ... Anfangs rebellierte ich: Ich kann doch keine Termine absagen, da ist so viel zu tun, und überhaupt kann ich diese Krankheit jetzt gar nicht brauchen! Dann aber verstand ich: Mein Körper will mir etwas sagen, will mich auf etwas hinweiweisen ... auch wenn es meine kurzfristigen Pläne gerade etwas durchkreuzt. Und je mehr ich darüber nachdachte, umso deutlicher wurde mir, dass mich mein Leib mit diesen Schmerzen auf einen existenziellen Mangel in meinem Leben hinweisen wollte. Ärztliche Diagnosemethoden können diesen Bereich nicht erfassen, das kann nur der Arzt als Mensch. Der Begriff des „Heil-Seins“ ist mir in den Tagen eingefallen.

Heil-Sein, das ist eine andere Dimension als „krank" oder „gesund". Es kann beides beinhalten und ist zugleich doch mehr. Kranke können „heil" sein – genauso wie Gesunde eben nicht „heil" sein können. Mit der Krankheit leben, sie ernst nehmen, als Botschaft des Körpers hören – das ist Heilung. Gesund sein, dabei aber meinen Körper als Ersatzteillager verstehen, als etwas, das funktionieren muss, das sich meinen Wünschen unterordnet – das ist Unheil. Unheil aber kann krank machen. Und deshalb mag so manche Krankheit durchaus heilsam sein: Ich lerne hinzuhören auf meinen Leib, verändere mein Verhalten, lerne das Leben neu schätzen ...
Ich habe in diesen Tagen gelernt, dass Krankheit ein Schritt zur Heilung sein kann.

Andrea Schwarz

Die Heilung eines Gelähmten am Sabbat in Jerusalem

Einige Zeit später war ein Fest der Juden und Jesus ging hinauf nach Jerusalem.
In Jerusalem gibt es beim Schaftor einen Teich, zu dem fünf Säulenhallen gehören; dieser Teich heißt auf Hebräisch Betesda.
In diesen Hallen lagen viele Kranke, darunter Blinde, Lahme und Verkrüppelte.
Dort lag auch ein Mann, der schon achtunddreißig Jahre krank war.
Als Jesus ihn dort liegen sah und erkannte, dass er schon lange krank war, fragte er ihn: Willst du gesund werden?
Der Kranke antwortete ihm: Herr, ich habe keinen Menschen, der mich, sobald das Wasser aufwallt, in den Teich trägt. Während ich mich hinschleppe, steigt schon ein anderer vor mir hinein.
Da sagte Jesus zu ihm: Steh auf, nimm deine Bahre und geh!
Sofort wurde der Mann gesund, nahm seine Bahre und ging.

Joh 5,1–9

Bleibe bei uns, Herr, mit deinem Segen

Wenn der Boden unter meinen Füßen schwankt,
reichst du mir deine Hand und hältst mich fest.
Wenn ich keinen Boden mehr unter den Füßen habe,
stellst du mich auf festen Grund.
Wenn die Erde sich auftut, um mich zu verschlingen,
umgibst du mich mit deiner Liebe,
denn dein Reich ist nicht zu zerstören.
So bleibe bei uns,
mit deinem Segen für Leib und Seele.
So bleibe bei uns,
mit deiner Kraft für Geist und Sinn.
So bleibe bei uns,
mit deiner Liebe auf allen unseren Wegen.
Bleibe bei uns, Herr, mit deinem Segen.

Irischer Segenswunsch

Wenn einer kommt ...

Wenn einer kommt,
der dich tröstet,
weil du Kummer hast;

wenn einer kommt,
der dich streichelt,
weil du verzweifelt bist;

wenn einer kommt,
der dir hilft,
weil du krank bist;

wenn einer kommt,
der dich stärkt,
weil du mutlos bist;

wenn einer kommt,
der dich schützt,
weil du bedroht bist –

dann war das ein Engel!

Unbekannt

Heilung

Wenn Jesus heilte, dann tat er zwei Dinge: Er sprach mit den Menschen, und er berührte sie. „Jesus ergriff das Kind bei der Hand und sprach zu ihm: *Talita kum* – das heißt übersetzt: Mädchen, ich sage dir, steh auf!" (Markusevangelium 5,41). Gottes Wort wurde hörbar und erfahrbar. Wenn Jesus heilte, dann sah er auf den Glauben, auf das Gottvertrauen: „Dein Glaube hat dich gesund gemacht; geh hin in Frieden und sei gesund von deiner Plage!" (Markusevangelium 5,34).

Wenn Jesus heilte, dann wurde sein Heilen zum Zeichen für das Anbrechen des Reiches Gottes. Heilen im Sinne Jesu ist nie ein Schauwunder, es weist nicht auf den Heilenden hin, sondern auf Gottes liebende Zuwendung zum ganzen Menschen.

Heilen ist ein ganzheitlicher, ein heiliger, ein gesegneter Prozess, bei dem wir weder die Errungenschaften der Medizin noch die Seele noch die Gabe des Geistes Gottes verachten sollten. Aber Gesundheit ist kein Beweis für Gottes Gegenwart. Es kann ein Mensch sein Gottvertrauen dadurch zeigen, dass er mit einer Krankheit, einer Behinderung leben lernt. Auch das ist ein Geschenk Gottes.

Margot Käßmann

Die Heilung des Besessenen von Gerasa

Sie kamen an das andere Ufer des Sees, in das Gebiet von Gerasa.
Als er aus dem Boot stieg, lief ihm ein Mann entgegen, der von einem unreinen Geist besessen war. Er kam von den Grabhöhlen,
in denen er lebte. Man konnte ihn nicht bändigen, nicht einmal mit Fesseln.
Schon oft hatte man ihn an Händen und Füßen gefesselt, aber er hatte die Ketten gesprengt und die Fesseln zerrissen; niemand konnte ihn bezwingen.
Bei Tag und Nacht schrie er unaufhörlich in den Grabhöhlen und auf den Bergen und schlug sich mit Steinen.
Als er Jesus von Weitem sah, lief er zu ihm hin, warf sich vor ihm nieder
und schrie laut: Was habe ich mit dir zu tun, Jesus, Sohn des höchsten Gottes? Ich beschwöre dich bei Gott, quäle mich nicht!
Jesus hatte nämlich zu ihm gesagt: Verlass diesen Mann, du unreiner Geist!
Jesus fragte ihn: Wie heißt du? Er antwortete: Mein Name ist Legion; denn wir sind viele.
Und er flehte Jesus an, sie nicht aus dieser Gegend zu verbannen.

Nun weidete dort an einem Berghang gerade eine große Schweineherde.
Da baten ihn die Dämonen: Lass uns doch in die Schweine hineinfahren!
Jesus erlaubte es ihnen. Darauf verließen die unreinen Geister den Menschen und fuhren in die Schweine und die Herde stürzte sich den Abhang hinab in den See. Es waren etwa zweitausend Tiere und alle ertranken.
Die Hirten flohen und erzählten alles in der Stadt und in den Dörfern. Darauf eilten die Leute herbei, um zu sehen, was geschehen war.
Sie kamen zu Jesus und sahen bei ihm den Mann, der von der Legion Dämonen besessen gewesen war. Er saß ordentlich gekleidet da und war wieder bei Verstand. Da fürchteten sie sich.
Die, die alles gesehen hatten, berichteten ihnen, was mit dem Besessenen und mit den Schweinen geschehen war.
Darauf baten die Leute Jesus, ihr Gebiet zu verlassen.
Als er ins Boot stieg, bat ihn der Mann, der zuvor von den Dämonen besessen war, bei ihm bleiben zu dürfen.
Aber Jesus erlaubte es ihm nicht, sondern sagte: Geh nach Hause und berichte deiner Familie alles, was der Herr für dich getan und wie er Erbarmen mit dir gehabt hat.
Da ging der Mann weg und verkündete in der ganzen Dekapolis, was Jesus für ihn getan hatte, und alle staunten.

Mk 5,1–20

Gottes Liebe

Wenn Sie Gott mit dem Verstand und dem Willen lieben, dann ist das schon ein erster Schritt. Wir können die Liebe zu Gott oft nicht emotional spüren. Die Liebe zu einem Menschen spüren wir im Herzen. Da sind wir verzaubert. Wir sind kaum einmal richtig in Gott verliebt – obwohl es das bei manchen Mystikern durchaus gibt. Die Liebe ist die Bereitschaft, sich auf Gott einzulassen. Diese Liebe kann wachsen, wenn wir die Worte Gottes in der Bibel lesen. Da tritt uns Gottes Liebe entgegen.
Und indem wir diese Worte der Liebe in unser Herz fallen lassen, kann auch in unserem Herzen Liebe entstehen.

Anselm Grün

Das Meisterstück

Kennen einige von Ihnen das Gefühl: „Ich falle anderen Menschen zur Last, weil ich krank bin und Hilfe brauche?"
Bei meinen Besuchen kranker Menschen in der Klinik oder bei Bewohnern im Altenheim ist das immer wieder ein wichtiges Gesprächsthema. „Ich kann nichts mehr, ich mache nur noch Arbeit, meiner Familie, meinem Ehepartner, meinen Bekannten!"
Es bedrückt viele kranke Menschen, dass sie teilweise Handreichungen für Kleinigkeit erbitten müssen, dass Angehörige sich Sorgen machen müssen, dass die Familie ins Krankenhaus oder Altenheim kommen muss, obwohl alle viel Arbeit und keine Zeit haben.
Nachdem ich öfter diese ängstlichen Gedanken von Patienten oder Senioren im Altenpflegeheim wahrgenommen hatte, habe ich mir die Frage gestellt: Stimmen diese Befürchtungen überhaupt oder ist das eher der Eindruck von hilfsbedürftigen und kranken Menschen?
Ja, manchmal erlebe ich, dass Kranke und Alte als Belastung empfunden werden. In Gesprächen habe ich öfter erfahren, dass den Angehörigen eher das Krankenhaus oder das Altenheim „auf die Nerven fällt". Die Konfrontation mit Krankheit, Hilfsbedürftigkeit und Alter lassen sie einen großen Bogen um Krankenhäuser und Alten-

heime machen. Konkret steht ihnen die eigene Hinfälligkeit sichtbar vor Augen. Das kann Angehörige so sehr ängstigen und in die Flucht schlagen, dass sie den Kontakt mit dem kranken Vater oder der pflegebedürftigen Mutter vermeiden, wo es geht. Es ist auch schwer zu ertragen, dass Menschen, die man gesund erlebt hat, sich so verändert haben.

Es ist diese Konfrontation mit Krankheit und Leid, mit Alter und Tod, die manchen sehr beunruhigt. Jeder kranke Mensch spürt sofort, wenn Besucher sich bei ihm unwohl fühlen und ganz schnell wieder weg wollen. Der Kranke bezieht die Abneigung natürlich auf sich: „Ich falle zur Last!“ Es ist aber oft die Krankheit und das Alter an sich, vor dem man weglaufen will, und weniger der kranke und alte Mensch selbst.

Es gibt aber auch Menschen, die anders reagieren. Dort beobachte ich oft genau das Gegenteil: eine Familie hält plötzlich wieder zusammen, weil ein krankes Mitglied versorgt werden muss. Man setzt sich zusammen – Eifersucht, Streit oder Ärger werden zur Seite gelegt.

Geschwister, die in ihrem Alltag nicht mehr viel miteinander zu tun hatten, rücken wieder wie früher in der Familie zusammen und reden miteinander. Dabei wird viel Kreativität und viel Liebe freigesetzt. Ich erlebe, wie die Sorge um einen Kranken aufgeteilt wird. Enkelkinder werden in die Pflicht genommen. Alte Bekanntschaften erneuert. Es kommen in der Familie Themen auf den Tisch, die im Alltagsgeschäft nicht wichtig waren. „Was hilft uns, diese schwierige Situation zu bewältigen? Was gibt dem Leben Sinn? Wie geht es nach unserem Leben weiter?“

Der, um den sich die Familie sorgt und müht, bekommt

das natürlich gar nicht mit, was er in den Mitmenschen bewegt.
Die Konfrontation mit Krankheit und Leid, mit Alter und Tod, löst in diesem Fall Fragen an das eigene Leben und den Glauben aus. Aus der Begegnung mit Leid erwächst Gutes.
Ich erlebe, wie Angehörige sagen: „Eltern sollen ihren Kindern etwas beibringen. Der kranke Mensch hat uns jetzt beigebracht, Krankheit und Alter zu bewältigen. Die Erkrankung war für ihn kein Gewinn, aber für seine Kinder und Enkelkinder war es sein Meisterstück."
Ein solches Meisterstück erwartete der Apostel Paulus von den Christen in dem Brief an die Galater (6,2), als er schrieb: „Einer trage des Anderen Last, so werdet ihr das Gesetz Christi erfüllen."
Das Gesetz Christi meint die Liebe zu Gott und zum Nächsten. Und genau diese Liebe kommt in vielen Angehörigen zum Tragen, auch wenn kranke und alte Menschen sich dessen nicht bewusst sind.

Sitta von Schenck

Die Gegenwart Gottes

Dankbarkeit bedeutet in der Tiefe, das Leben als ein Geschenk zu sehen, das man dankbar annimmt. Und wahre Dankbarkeit schließt das gesamte Leben ein: Das Gute und das Schlimme, das Freudige und das Schmerzliche, das Heilige und das nicht so Heilige. Und wir umfangen das alles, weil uns das Leben Gottes bewusst wird, die Gegenwart Gottes inmitten all dessen, was geschieht.

Henri Nouwen

Kleine Schritte

Mut und Tapferkeit haben für manche leider bloß einen kriegerischen Beigeschmack. Das ist aber ungefähr genauso, als wenn ich Fairness nur für den Bereich Sport als wichtig erachtete. Ich glaube, dass gerade heute in einer Gesellschaft, die sich immer wieder durch Begriffe wie Krise aber auch Anonymität charakterisiert, eine Besinnung auf die Tugend der Tapferkeit und des Mutes ganz wichtig ist.

Mut beweist sich vor allem in einem Ankämpfen gegen Lethargie, eines „Was kann ich schon anrichten", „Schuld an allem sind die anderen" und so weiter. Da sollte man sich an das Wort von Mahatma Gandhi erinnern: „Wenn du denkst, die ganze Welt sei schlecht, dann vergiss nicht, dass Leute wie du darin leben." Mut beruht auf einem gesunden Selbstbewusstsein, selber etwas voranzubringen. So ist einer der wichtigsten Fehler der Erziehung zu entmutigen. Das geschieht nicht nur durch ein permanentes: „Das kannst du nicht", sondern auch dadurch, den jungen Menschen keine Gelegenheit zu geben, etwas zu „bringen", sich „einzubringen".

„Jeder ist berufen", sagt Martin Buber, „etwas in der Welt zur Vollendung zu bringen."

Mut bedeutet, dass man auch einmal mit Widerwärtigkeiten fertig wird und sich nicht von einem einmaligen

Scheitern davon abhalten lässt, sich wieder aufzurichten und neu anzufangen. Mut ist, dass man sich nicht unterkriegen lässt und sich immer wieder aufzurichten versucht.

In diesem Sinne ist mir jene Musikgruppe, die aus einigen Behinderten besteht und sich ,,Rolling Gang" nennt, junge Leute, die gegen die allgemeine Hoffnungslosigkeit ansingen, eine Verkörperung für eines meiner Lieblingssprichwörter. „Man kann auch aus den Steinen, die einen in den Weg gelegt werden, eine Treppe bauen."

Der Spruch „Es wird scho wieder werdn" kündet sicherlich von einem Vertrauen in die Zukunft, er sollte aber nicht dazu verleiten, nur die Hände in den Schoß zu legen und abzuwarten. Irgendwie müssen wir uns schon immer wieder bewusst machen, dass auch wir verantwortlich für die Zukunft sind und jeder von uns zum Gelingen ein wenig beitragen kann.

Eine Reise um die Welt beginnt bekanntlich mit einem kleinen Schritt, der oft mehr Mut erfordert als ein langer Marsch auf einer gewohnten Wegstrecke. Ein solcher Schritt kann im Übrigen sogar einer links oder rechts der eingefahrenen Bahnen sein.

Möglicherweise bringt uns auch da und dort ein kurzes Innehalten auf die Dauer gesehen weiter. Sehr viel Mut erfordert es, gegen den Strom anzuschwimmen, wenn man es für notwendig hält. Aber denken wir daran: „Wer einen Drachen zum Steigen bringen will, muss gegen den Wind anlaufen.

Helmut Zöpfl

Ohne Frist

Gott führt jeden seine eigenen Wege, einer kommt leichter und schneller zum Ziel als der andere.
Was wir tun können, ist im Verhältnis zu dem, was an uns getan wird, in der Tat wenig. Aber das Wenige müssen wir tun. Das ist vor allem: beharrlich beten um den rechten Weg und dem Zug der Gnade, wenn er spürbar wird, ohne Widerstand folgen. Wer so vorgeht und geduldig ausharrt, der wird nicht sagen dürfen, dass seine Bemühungen umsonst seien. Nur darf man dem Herrn keine Frist setzen.

Edith Stein

Die Kunst der kleinen Schritte

Ich bitte nicht um Wunder und Visionen, Herr,
sondern um Kraft für den Alltag.

Lehre mich die Kunst der kleinen Schritte.
Mach mich findig und erfinderisch,
um im täglichen Vielerlei und Allerlei
rechtzeitig meine Erkenntnisse zu notieren,
von denen ich betroffen bin.

Mach mich griffsicher in der richtigen Zeiteinteilung.
Schenke mir das Fingerspitzengefühl,
um herauszufinden,
was erstrangig und was zweitrangig ist.

Ich bitte um Kraft,
dass ich nicht durch das Leben rutsche,
sondern den Tagesablauf vernünftig einteile,
auf Lichtblicke und Höhepunkte achte und
hin und wieder Zeit finde für einen kulturellen Genuss.

Lass mich erkennen,
dass Träume nicht weiterhelfen,
weder über die Vergangenheit noch über die Zukunft.

Hilf mir, das Nächste so gut wie möglich zu tun
und die jetzige Stunde als die wichtigste zu erkennen.

Bewahre mich vor dem Glauben,
es müsse im Leben alles glatt gehen.

Schenke mir die Erkenntnis,
dass Schwierigkeiten, Niederlagen,
Misserfolge und Rückschläge
eine selbstverständliche Zugabe zum Leben sind,
durch die wir wachsen und reifen.

Erinnere mich daran,
dass das Herz oft gegen den Verstand streikt.
Schick mir im rechten Augenblick einen Menschen,
der den Mut hat, mir die Wahrheit zu sagen.

Ich möchte Dich und die anderen
immer aussprechen lassen.
Die Wahrheit sagt man sich nicht selbst,
sie wird einem gesagt.
Ich weiß, dass sich viele Probleme dadurch lösen,
wenn ich nichts tue.
Gib, dass ich warten kann.

Du weißt, wie sehr wir der
Freundschaft bedürfen.
Gib, dass ich diesem
schönsten Geschenk
des Lebens
gewachsen
bin.

Verleihe mir die nötige Fantasie,
im rechten Augenblick Güte zu zeigen.
Mach aus mir einen Menschen,
der einem Schiff mit Tiefgang gleicht,
um auch die zu erreichen, die unten sind.

Bewahre mich vor der Angst,
ich könnte das Leben versäumen.
Gib mir nicht, was ich mir wünsche,
sondern das, was ich brauche.

Lehre mich die Kunst der kleinen Schritte.

Antoine de Saint-Exupéry

Gebet

Auf dem Weg durch Krankheit,
Dunkel und Leid sind wir nicht allein.
Auf dem Weg durch Krankheit, Dunkel und Leid
dürfen wir Gott an unserer Seite wissen,
Gott, der selbst Mensch geworden ist.
Er, der weiß,
was Menschen bewegt,
führe uns aus der Krankheit
zur Genesung,
aus dem Dunkel
zum Licht,
aus dem Leid zum Leben.
Das gewähre uns der gütige und treue Gott,
der Vater und der Sohn und der Heilige Geist.

Unbekannt

Hoffnung und Zuversicht verleihen Rückenwind

Nicht das Straucheln ist entscheidend,
sondern das Wiederaufrichten,
nicht die Resignation,
sondern die Hoffnung.

Franz Kardinal König

Die Heilung eines Gelähmten

Als er einige Tage später nach Kafarnaum zurückkam, wurde bekannt, dass er (wieder) zu Hause war.
Und es versammelten sich so viele Menschen, dass nicht einmal mehr vor der Tür Platz war; und er verkündete ihnen das Wort.
Da brachte man einen Gelähmten zu ihm; er wurde von vier Männern getragen.
Weil sie ihn aber wegen der vielen Leute nicht bis zu Jesus bringen konnten, deckten sie dort, wo Jesus war, das Dach ab, schlugen (die Decke) durch und ließen den Gelähmten auf seiner Tragbahre durch die Öffnung hinab.
Als Jesus ihren Glauben sah, sagte er zu dem Gelähmten: Mein Sohn, deine Sünden sind dir vergeben!
Einige Schriftgelehrte aber, die dort saßen, dachten im Stillen:
Wie kann dieser Mensch so reden? Er lästert Gott. Wer kann Sünden vergeben außer dem einen Gott?
Jesus erkannte sofort, was sie dachten, und sagte zu ihnen: Was für Gedanken habt ihr im Herzen?
Ist es leichter, zu dem Gelähmten zu sagen: Deine Sünden sind dir vergeben!, oder zu sagen: Steh auf, nimm deine Tragbahre und geh umher?
Ihr sollt aber erkennen, dass der Menschensohn die Vollmacht hat, hier auf der Erde Sünden zu vergeben. Und er sagte zu dem Gelähmten:

Ich sage dir: Steh auf, nimm deine Tragbahre, und geh nach Hause!
Der Mann stand sofort auf, nahm seine Tragbahre und ging vor aller Augen weg. Da gerieten alle außer sich; sie priesen Gott und sagten: So etwas haben wir noch nie gesehen.

Mk 2, 1–12

Unsterblich

Der Glaube,
den ich am meisten liebe, sagt Gott,
ist die Hoffnung.

Der Glaube erstaunt Mich nicht.
Das ist nicht verwunderlich.
So direkt gegenwärtig bin Ich in Meiner Schöpfung.
Blind müssen die armen Leute sein,
Mich nicht wirklich sehen zu können.

Die Liebe, sagt Gott, erstaunt Mich nicht.
Das ist nicht verwunderlich.
Die armen Leute sind so unglücklich,
dass sie schon ein Herz aus Stein haben müssten,
liebten sie einander nicht.

Und wie sehr hat Mein Sohn sie geliebt!
Mein Sohn, ihr Bruder.
Welch große Liebe!

Doch die Hoffnung, sagt Gott, die erstaunt Mich sehr.
Mich selbst.
Das ist verwunderlich.
Dass diese armen Kinder sehen, was in der Welt geschieht,

und dass sie glauben,
dass morgen alles besser sein wird.
Das ist erstaunlich und wohl das größte Wunder
Meiner Gnade.
Und darüber bin Ich selbst erstaunt.
So muss wohl Meine Gnade tatsächlich
von unglaublicher Kraft sein.
Was Mich erstaunt, sagt Gott, ist die Hoffnung.
Sogar für Mich ist dies schwer zu verstehen.
Diese kleine Hoffnung, die überhaupt nichts
von sich her macht.
Dies kleine Mädchen Hoffnung.

Unsterblich.
Doch ist es dies kleine Mädchen, das durch die
ganze Welt geht,
dies kleine Mädchen, dies scheinbare Nichts.
Die Hoffnung allein trägt die Menschen
durch alle Zeiten hindurch.

Charles Pèguy

Unser Leben ist nicht so vordergründig wie es aussieht.
Es ist umgeben von wunderbaren Mächten.

Phil Bosmans

Von guten Mächten

Von guten Mächten treu und still umgeben,
behütet und getröstet wunderbar,
so will ich diese Tage mit euch leben
und mit euch gehen in ein neues Jahr.

Noch will das alte unsre Herzen quälen,
und drückt uns böser Tage schwere Last.
Ach, Herr, gib unsern aufgeschreckten Seelen
das Heil, für das du uns geschaffen hast.

Und reichst du uns den schweren Kelch, den bittern
des Leids, gefüllt bis an den höchsten Rand,
so nehmen wir ihn dankbar ohne Zittern
aus deiner guten und geliebten Hand.

Doch willst du uns noch einmal Freude schenken
an dieser Welt und ihrer Sonne Glanz,
dann wolln wir des Vergangenen gedenken,
und dann gehört dir unser Leben ganz.

Lass warm und hell die Kerzen heute flammen,
die du in unsre Dunkelheit gebracht,
führ, wenn es sein kann, wieder uns zusammen.
Wir wissen es, dein Licht scheint in der Nacht.

Wenn sich die Stille nun tief um uns breitet,
so lass uns hören jenen vollen Klang
der Welt, die unsichtbar sich um uns weitet,
all deiner Kinder hoher Lobgesang.

Von guten Mächten wunderbar geborgen,
erwarten wir getrost, was kommen mag.
Gott ist bei uns am Abend und am Morgen
und ganz gewiss an jedem neuen Tag.

Dietrich Bonhoeffer

Von Gott hören

Man darf die Hoffnung nie aufgeben. Unser Gott ist ein guter Gott. Und wenn wir Gott bitten, dann kann er alles Böse zum Guten wenden. Er ist wirklich ein Gott, der hört, ein Gott, der gesagt hat: Bittet und ihr werdet empfangen, sucht und ihr werdet finden, klopft an und euch wird aufgetan. Deshalb ist Pessimismus für uns Christen nie eine Lösung.

Karl Wallner

Hoffen und Gutes tun

Freud und Leid, beides gehört zum menschlichen Leben. Sosehr wir uns wünschen, dass alles gelingt, ein leidfreies Leben gibt es hier auf Erden nicht. Aber wir hoffen, dass Schmerzen aufhören. Wir wünschen uns, wenn wir eine Sorge endlich los sind, dass nicht gleich die nächste auf uns lauert. Wir können diese Hoffnung trainieren: nicht nur auf das Böse starren, sondern überall versuchen, Gutes zu entdecken und Gutes zu tun.

Phil Bosmans

Hoffnung meiner Seele

Paulus spricht von der Hoffnung im Römerbrief.
Wir hoffen auf das, was wir nicht sehen. „Hoffen wir aber auf das, was wir nicht sehen, dann harren wir aus in Geduld.“ (Röm 8,25)
Ich hoffe auf das, was in mir unsichtbar ist, auf die heilenden Kräfte in meiner Seele, die ich oft nicht sehe, auf die Liebe, die in mir ist und gerade erloschen zu sein scheint. Und ich hoffe auf den guten Kern im andern, den ich gerade nicht sehe, weil er sich so aggressiv verhält. Die Hoffnung will letztlich das Heil, das unsichtbar ist in uns, sichtbar werden lassen. Sie will all das, was Gott in uns hineingelegt hat, zum Vorschein kommen lassen. Aber dazu braucht es Geduld, damit das Unsichtbare in uns langsam sichtbar wird.

Anselm Grün

Lebenssegen

Nicht, dass von jedem Leid verschont
Du mögest bleiben,
noch, dass dein künft'ger Weg stets Rosen für Dich trage
und keine bittere Träne über Deine Wangen komme
dies alles, nein, das wünsche ich Dir nicht!
Mein Wunsch für Dich ist vielmehr dieser:
Dass dankbar Du und allezeit bewahrst
in Deinem Herzen
die kostbare Erinnerung der guten Ding'
in Deinem Leben;
Dass mutig Du stehst in Deiner Prüfung,
wenn hart das Kreuz auf Deinen Schultern liegt
und wenn der Gipfel, den es zu ersteigen gilt,
ja selbst das Licht der Hoffnung zu entschwinden droht;
Dass jede Gottesgabe in Dir wachse
und mit den Jahren sie Dir helfe,
die Herzen froh zu machen, die Du liebst;
Dass immer einen wahren Freund Du hast,
der Freundschaft wert, der Dir Vertrauen gibt,
wenn Dir's an Licht gebricht und Kraft;
Dass Du dank ihm den Stürmen standhältst
und so die Höhen doch erreichst.

Irischer Segenswunsch

Zeit für mich

Uns tut es gut, besonders bei Krankheit, wenn wir von anderen Menschen die drei „Z“ erleben:

Zeit – für mich hat oder nimmt sich jemand Zeit,
Zuwendung – der andere schenkt mir seine Aufmerksamkeit,
Zuneigung – dass ich angenommen, gemocht bin.
Dieses drei „Z“ möchte ich ergänzen mit dem „Z“ für Zuversicht.

Zuversicht – aus dem Glauben und Vertrauen, mein Leben ist gehalten und getragen von Gott.
Dies gibt Kraft, gerade in Zeiten der körperlichen oder seelischen Krise und Krankheit. Deshalb möchte ich Ihnen diesen Text weitergeben, mit dem ich Ihnen Zuversicht und daraus Kraft wünsche.

Sebastian Friedlsperger

Frieden für die Seele

Lebe in Frieden mit Gott,
wie immer du ihn jetzt für dich begreifst;
und was auch immer deine Mühen und Träume sind,
in der verwirrenden Unruhe des Lebens.
Halte Frieden mit deiner eigenen Seele.

Irischer Segenswunsch

Segen

Gesegnet seien,
die meine Schmerzen lindern
und auf meine Krankheit
Rücksicht nehmen.
Gesegnet seien,
die mich Liebe fühlen lassen
und die zärtlich
mit mir umgehen.

Phil Bosmans

Lebensfreude

Das Leben ist eine Chance – nutze sie.
Das Leben ist Schönheit – bewundere sie.
Das Leben ist Seligkeit – genieße sie.
Das Leben ist ein Traum – verwirkliche ihn.
Das Leben ist eine Herausforderung – stelle dich ihr.
Das Leben ist Pflicht – erfülle sie.
Das Leben ist ein Spiel – spiele es.
Das Leben ist kostbar – geh sorgfältig damit um.
Das Leben ist Reichtum – bewahre ihn.
Das Leben ist Liebe – erfreue dich an ihr.
Das Leben ist ein Rätsel – löse es.
Das Leben ist ein Versprechen – erfülle es.
Das Leben ist Traurigkeit – überwinde sie.
Das Leben ist eine Hymne – singe sie.
Das Leben ist eine Tragödie – ringe mit ihr.
Das Leben ist ein Abenteuer – wage es.
Das Leben ist Glück – verdiene es.
Das Leben ist das Leben – verteidige es.

Mutter Teresa

Dinge

Man muss den Dingen
die eigene, stille,
ungestörte Entwicklung lassen,
die tief von innen kommt,
und durch nichts gedrängt
oder beschleunigt werden kann;
alles ist austragen –
und dann
Gebären ...
Reifen wie der Baum,
der seine Säfte nicht drängt
und getrost in den Stürmen
des Frühlings steht,
ohne Angst,
dass dahinter kein Sommer
kommen könnte.
Er kommt doch!
Aber er kommt nur zu den Geduldigen,
die da sind,
als ob die Ewigkeit vor ihnen läge,
so sorglos still und weit ...
Man muss Geduld haben,
gegen das Ungelöste im Herzen,
und versuchen,

die Fragen selber lieb zu haben,
wie verschlossene Stuben,
und wie Bücher,
die in einer sehr fremden Sprache
geschrieben sind.
Es handelt sich darum, alles zu leben.
Wenn man die Fragen lebt,
lebt man allmählich,
ohne es zu merken,
eines fremden Tages
in die Antwort hinein.

Rainer Maria Rilke

Gebet einer alten Äbtissin

Herr, du weißt besser als ich,
dass ich älter und – eines Tages – alt sein werde.

Bewahre mich vor der schrecklichen Gewohnheit,
zu jedem Thema
und zu jedem Anlass
etwas sagen zu müssen.

Erlöse mich von der Lust,
die Angelegenheiten anderer in Ordnung
bringen zu wollen.

Lass mich beschaulich –
aber nicht verdrießlich werden;
hilfsbereit aber nicht despotisch.

Bei meinem gewaltigen Reichtum an Weisheit
scheint es mir ein wenig schade,
ihn nicht ganz anzuwenden,
aber du weißt ja, Herr,
dass ich mir schließlich ein paar Freunde
erhalten möchte.

Bewahre meinen Geist vor der Aufzählung
endloser Einzelheiten.
Lehre mich schweigen über meine Schmerzen
und Leiden.
Sie nehmen zu,
und die Lust, sie zu beschreiben,
wächst von Jahr zu Jahr.

Erhalte mich so angenehm wie möglich;
ich will keine Heilige sein
– es lässt sich mit manchen von ihnen so schwer leben –
aber ein grantiger Mensch ist das Krönungswerk
des Teufels.

Verleih mir die Gabe,
an unerwarteten Stellen Gutes
und bei Menschen unvermutete Talente zu entdecken.

Und lasse mir die Gnade zuteil werden, Herr,
es ihnen auch zu sagen.

Zuspruch

Der Herr sei vor dir,
um dir einen guten Weg zu zeigen.

Der Herr sei neben dir,
um dich in die Arme zu schließen und
zu beschützen vor aller Gefahr.

Der Herr sei hinter dir,
um dich zu bewahren vor allem Bösen.

Der Herr sei unter dir,
um dich aufzufangen, wenn du fällst,
und dir Kraft zu geben, wenn du nicht mehr weiterweißt.

Der Herr sei in dir,
um dich zu trösten, wenn du traurig bist.

Der Herr sei um dich,
um dir Licht und Wärme zu schenken,
wenn alles in dir dunkel und kalt ist.

Der Herr sei über dir,
um dich zu segnen.

So segne dich der gütige Gott –
heute und morgen und für alle Zeit.

Irischer Segenswunsch

Quellenverzeichnis

Texte

Aigner, Margarethe: Durchkreuzte Pläne © Alle Rechte bei der Autorin.

Bonhoeffer, Dietrich: Von guten Mächten aus: Ders., Widerstand und Ergebung © 1998, Gütersloher Verlagshaus, Gütersloh, in der Verlagsgruppe Random House GmbH, München

Bosmans, Phil: Der Himmel (Originaltitel: Es gibt Tage)/Hoffen und Gutes tun (Originaltitel: Hoffnung)/Segen/Wunderbare Mächte aus: Ders., Ein freundlicher Sonnenstrahl in Tagen der Krankheit. Übersetzt von Ulrich Schütz © Verlag Herder GmbH, Freiburg i. Br. 2011

Dauzenroth, Hannelore: Krankheit als Chance © Alle Rechte bei der Autorin.

Fenz, Augustinus: Die Heiligenkreuz-Bibel © St. Benno-Verlag, GmbH, Leipzig

Friedlsperger, Sebastian: Unter der Oberfläche/Zeit für mich © Alle Rechte beim Autor.

Grün, Anselm: Gebet in Zeiten der Krankheit/Gottes Liebe aus: ders., Gute Besserung © Vier-Türme GmbH - Verlag, Münsterschwarzach

Grün, Anselm: Hoffnung meiner Seele aus: ders., Erfüllung finden. Impulse, Rituale & Anregungen für die Fastenzeit. Für die deutschen Übersetzung © St. Benno-Verlag GmbH, Leipzig. Für die tschechische Originalfassung © Karmelitánské nakladatelství s.r.o., www.kna.cz

Hüsch, Hanns Dieter: Und wenn ich nicht wüsste (Zwischen den Zeilen) aus: Hanns Dieter Hüsch/Uwe Seidel, Ich stehe unter Gottes Schutz, Seite 14, 2014/13 © tvd-Verlag Düsseldorf, 1996

Irische Segenswünsche für jeden Anlass © St. Benno-Verlag GmbH, Leipzig

Käßmann, Margot: Heilung aus: Erfüllt ist die Zeit. Das Markusevangelium als Jahresbegleiter. Hrsg. von Margot Käßmann und Joachim Wanke. Illustriert von Andreas Felger © Verlag Herder GmbH, Freiburg i. Br. 2005

Nouwen, Henri: Die Gegenwart Gottes aus: Ders., Du schenkst mir Flügel. Gedanken der Hoffnung © 2011 adeo Verlag in der Gerth Medien GmbH, Asslar, Verlagsgruppe Random House, München, www.adeo-verlag.de

Saint-Exupéry, Antoine: Die Kunst der kleinen Schritte aus: Ders., Die Stadt in der Wüste© 1956 und 2009 Karl Rauch Verlag, Düsseldorf

Schenck, Sitta von: Das Meisterstück © Sitta Freifrau von Schenck zu Schweinsberg

Schöne, Gerhard: Das Hemd des Glücklichen © Alle Rechte beim Autor.

Schwarz, Andrea: Heilsame Zeit der Krankheit aus: Dies., Ich bin Lust am Leben. Mit Widersprüchen leben – Spannungen aushalten © Verlag Herder GmbH, Freiburg i. Br. 2001, S. 87

Segensworte für das ganze Leben © St. Benno-Verlag GmbH, Leipzig

Wallner, Karl: Von Gott hören aus: Ders., Ein Stück vom Himmel © St. Benno-Verlag, Leipzig

Weißl, Ingrid: Der Garten des Lebens (Originaltitel: Hellrote Rosensträucher) © Alle Rechte bei der Autorin.

Weismantel Paul: Gott du kennst mein Leben © Alle Rechte beim Autor.

Zink, Jörg: Es gibt Zeiten aus: Ders., Ich wünsche dir Genesung © KREUZ Verlag in der Verlag Herder GmbH, Freiburg i. Br. 2003, S. 30,31

Zink, Jörg: Was sorge ich? aus: Ders., Die Bibel. Neu in Sprache gefasst von Jörg Zink © KREUZ Verlag in der Verlag Herder GmbH, Freiburg i. Br. 2012

Zöpfl, Helmut: Kleine Schritte © Alle Rechte beim Autor.

Bilder

Covermotiv, Seite 3, 24, 44, 56, 68/69: © Jag-cz/Fotolia; S. 4: © gtranquillity/Fotolia; S. 6, 73-75: © Olivier Le Moal/Fotolia; S. 11: © Subbotina Anna/Fotolia; S. 12, 53: © Africa Studio/Fotolia; S. 15, 36: © Tomasz/Fotolia; S. 17: © Martine A Eisenlohr/Fotolia; S. 18: © mch67/Fotolia; S. 20: © iceman3d/Fotolia; S. 23: © stillkost/Fotolia; S. 27: © Claude C./Fotolia; S. 32: © EwaStudio/Fotolia; S. 35: © Delphimages/Fotolia; S. 47: © Andris T/Fotolia; S. 48, 59: © Alekss/Fotolia; S. 51: © Gresei/Fotolia; S. 54: © womue/Fotolia; S. 62: © artmim/Fotolia; S. 71© Jag_cz/Shutterstock; S. 77: © philippe Devanne/Fotolia.

Wir danken allen Inhabern von Text- und Bildrechten für die Abdruckerlaubnis. Der Verlag hat sich bemüht, alle Rechteinhaber in Erfahrung zu bringen. Für zusätzliche Hinweise sind wir dankbar.

Bibliografische Information der Deutschen Nationalbibliothek
Die Deutsche Nationalbibliothek verzeichnet diese Publikation in der Deutschen Nationalbibliografie; detaillierte bibliografische Daten sind im Internet unter http://dnb.d-nb.de abrufbar.

Besuchen Sie uns im Internet:
www.st-benno.de

Gern informieren wir Sie unverbindlich und aktuell auch in unserem Newsletter zum Verlagsprogramm, zu Neuerscheinungen und Aktionen.
Einfach anmelden unter www.st-benno.de.

ISBN 978-3-7462-3983-5

Zusammenstellung: Volker Bauch, Leipzig
Umschlaggestaltung und Layout: Ulrike Vetter, Leipzig
Gesamtherstellung: Kontext, Lemsel (A)